BIBLIOTHÈQUE DRAMATIQUE
**Théâtre moderne**

# LES
# VIEUX GLAÇONS

## PARODIE DES VIEUX GARÇONS

### EN DEUX ACTES, EN QUATRE TABLEAUX

## MM. A. DE JALLAIS ET A. FLAN

**Prix : 1 franc**

---



## MICHEL LÉVY FRÈRES, LIBRAIRES ÉDITEURS

RUE VIVIENNE, 2 BIS, ET BOULEVARD DES ITALIENS, 15
A LA LIBRAIRIE NOUVELLE

---

PARIS — 1865

# LES
# VIEUX GLAÇONS

## PARODIE EN DEUX ACTES

### EN QUATRE TABLEAUX

PAR

## MM. A. DE JALLAIS & A. FLAN

Représentée pour la première fois, à Paris, sur le Théatre-Dejazet, le 25 février 1865.

## PARIS

### MICHEL LÉVY FRÈRES, LIBRAIRES ÉDITEURS

RUE VIVIENNE, 2 BIS, ET BOULEVARD DES ITALIENS, 15,

## A LA LIBRAIRIE NOUVELLE

**1865**

---

MIELAMER, glaçon encore tiède......⟩  
LE PRÉCEPTEUR des prés Saint-Gervais⟩ MM. Tissier.

GRASPOULOT, vieux raseur de première  
   force............................ Oscar.

BŒUFCOURTOIS, glaçon glacé......⟨  
DON QUICHOTTE................⟩ Legrenay.

CHATFIER, glaçon dégelant de temps en⟩  
   temps............................⟨ Allart.  
LE CAPITAINE HENRIOT...........⟩

ALBERT, amoureux assez gai.........⟩  
GANTYA, amoureux gémissant tout le temps⟩ Tony.

DE TROIS N, personnage presque inutile. Léonce.

BEAUBOURG, personnage dans le genre de  
   celui ci-dessus.................... Ricard.

ÇA VENAIT, frère de sa sœur........ Dubus.

DEUX OUVRIERS, poseurs de clous..⟨ Bonvalet.  
                 ⟨ Lemasson.

ENTOILETTE, sœur de son frère....⟩  
BASSOMPIERRE.................⟩ M^lles Nelson.

PICCOLINO......................⟩  
ROMANCE, adorant les huitres et son mari⟩ Moise.

FIGARO........................ Jeanne.

BICHONNETTE, buraliste intègre parce  
   que la caisse est à sec.............. H. Brech.

NANA, pécheuse, péchant plus de sept fois⟩  
   par jour........................⟩ Cl. Lemonnier.  
GARAT.........................⟩

LES PATTES DE MOUCHES.......⟩  
BACCARAT, ayant la manie des rendez-⟩ Mélanie.  
   vous..........................⟩

LISE, jeune femme disant un mot de temps  
   en temps....................... Jeanne.

HÉLOISE, disant tout ce qu'on voudra... Leroux.

INVITÉS de tous les sexes possibles.

---

# LES
# VIEUX GLAÇONS

## ACTE PREMIER

### PREMIER TABLEAU

**Les figures de cire.**

Intérieur du musée de Graspoulot. — Porte à gauche, une fenêtre ensuite. — Porte à droite. — Au fond, l'estrade de l'exposition des figures de cire, cachée par un rideau. — Deux ouvriers, montés chacun sur une échelle, achèvent de clouer au-dessus du rideau une tablette portant cette inscription : Musée sarde, ou la Comédie nouvelle.

---

## SCÈNE PREMIÈRE

LES DEUX OUVRIERS, puis GRASPOULOT.

LES OUVRIERS, chacun sur son échelle.

ENSEMBLE.

AIR : *Sabotier* (Henrion.)

Cogne, (*Bis.*)
Menuisier,
Cogne, (*Bis.*)
Taille et rogne; (*Bis.*)
Menuisier,
Fais ton métier.

GRASPOULOT, entrant.
Eh bien!... Eh bien!... Est-ce fini?...

PREMIER OUVRIER, descendant de l'échelle.
Complétement...

DEUXIÈME OUVRIER, de même.
Et c'est solide...

GRASPOULOT.

Parfait!... Et comme ça tire l'œil... Musée sarde, ou la Comédie nouvelle... Est-ce assez trouvé?

PREMIER OUVRIER.

Seulement, ça n'est pas clair...

GRASPOULOT.

Ça n'est pas clair, parce que ça ne se comprend pas... aussi je consens à vous octroyer une explication, ça vous tiendra lieu de pourboire. Je m'appelle Théophraste Graspoulot! Gras, vous devinez pourquoi, Poulot est le sobriquet que me donnent les femmes!...

DEUXIÈME OUVRIER.

Et vous êtes montreur de figures de cire...

GRASPOULOT.

Si vous m'interrompez, je vous retiens quarante sous sur trente que je vous dois. Jusqu'ici mon musée se composait des anciens rois de la Grèce, c'était grandiose, mais c'était un tantinet uniforme...

AIR : *Un homme pour faire un tableau.*

Mon public me disait : Changez
De temps en temps vos personnages,
Ces monarques si bien rangés
Ont toujours les mêmes visages;
Variez un peu votre choix,
La variété nous attire...
Ne nous montrez pas que des *rois*
A propos de figur's de *cire !*

Ce mot, de cire, fit fondre mes scrupules et m'ouvrit un horizon... que fis-je?...

LES DEUX OUVRIERS.

Ah! oui, que fîtes-vous?...

GRASPOULOT.

Je veux bien vous le dire, mais c'est vous qui me redevrez de l'argent. Je me tins ce langage : mon cher Graspoulot, tu sais... je me tutoie quand je me parle seul, tu sais, dis-je, que Paris renferme dans ses murs un auteur dramatique qui marche de succès... en succès. Faisons une exposition des personnages en vogue des pièces de *M. Victorieux Partout*. Sitôt dit, sitôt fait... et dans une heure, j'inaugure le Musée sarde, ou la Comédie nouvelle.

PREMIER OUVRIER.

Qu'est-ce que ça peut nous faire?

GRASPOULOT.

Rien! mais il fallait bien que je racontasse cette histoire à quelqu'un; vous m'êtes tombés sous la main, tant pis pour vous... Là-dessus fichez-moi le camp, je vais coller mes affiches à la porte de mon musée...

ENSEMBLE.

Air : *Réveil-matin* (Henrion. )

Vite et tôt (*Bis.*)
Allons mes}riches
Allons vos }
Affiches,
Le public chaud
Accourra bientôt.

(Les ouvriers sortent par la droite, en emportant leurs échelles.)

## SCÈNE II

### LES MÊMES, ALBERT.

ALBERT, entrant par la droite, au moment où Graspoulot va sortir
Cher parrain.

GRASPOULOT.

Vous ici !...

ALBERT.

Moi z'ici... non, moi ici...

GRASPOULOT.

Ne vous ai-je pas interdit de franchir le seuil de mon huis ?...

ALBERT.

Je le sais bien... mais j'aime Héloïse.

GRASPOULOT.

Vous aimez Héloïse, et vous ne vous appelez pas Abeilard... Allons donc, donner la dextre de ma nièce à un obscur rapin... au moment surtout où je viens de tomber...

ALBERT, avec intérêt.

Vous êtes tombé... vous vous êtes fait mal...

GRASPOULOT.

Tombé... sur une idée qui me criblera de monacos...

ALBERT.

Vous m'aviez donné votre parole...

GRASPOULOT.

Je vous la reprends... j'en ai besoin pour autre chose. Trouvez quelque découverte neuve, épatante, renversante... qui vous fasse aussi riche que je vais l'être... et je vous redonne ma parole...

ALBERT.

Encore faut-il que je sache ce que vous-même avez
trouvé... (A part.) J'en sais plus long que tu ne crois...

GRASPOULOT

Là-dessus, cher filleul, filez...

ALBERT.

Vous me chassez...

GRASPOULOT.

Mais non, je vous dis de filer, voilà tout...

ALBERT.

Ah! je suis né sous une mauvaise étoile. (Graspoulot pousse
Albert vers la porte d'entrée et sort derrière lui. Au même instant, Héloïse
suivie de Bichonnette entre par la gauche.)

## SCÈNE III

### HÉLOISE, BICHONNETTE.

BICHONNETTE.

Voyons, mademoiselle Héloïse, soyez raisonnable.

HÉLOISE.

Non, je ne puis rester plus longtemps chez mon oncle
Graspoulot.

BICHONNETTE.

Où irez-vous ?

HÉLOISE.

Je n'en sais rien, mais j'ai assez de l'existence abrutissante
que je mène ici.

BICHONNETTE.

Vous voulez tout bonnement aller rejoindre M. Albert, le
filleul de votre oncle.

HÉLOISE.

Je ne puis vivre plus longtemps sans savoir ce qu'il
devient.

BICHONNETTE.

Le fait est que la porte lui est fermée, et qu'au contraire
des omnibus, toute correspondance vous est interdite...

HÉLOISE.

Cependant nous sommes fiancés!... ah! qu'un oncle
toqué est un homme respectable, mais peu divertissant...

BICHONNETTE.

Ah! qu'un patron qui fait voir des figures de cire et croit
au spiritisme est un être peu récréatif...

HÉLOISE.

Encore vous, vous pouvez lui brûler la politesse...

BICHONNETTE.

C'est vrai, je ne suis que la buraliste du musée Graspoulot.
Je n'ai qu'à demander mon compte, pour m'en aller... mais
d'abord je tiens à rester avec vous.

HÉLOISE.

Chère Bichonnette...

BICHONNETTE.

Et puis, votre oncle m'a déclaré que si je le quittais, il me
retiendrait un mois d'appointements. Et dam ! un procédé
pareil, ça vous attache à un patron...

HÉLOISE.

Silence ! Le voilà...

## SCÈNE IV

### LES MÊMES, GRASPOULOT.

GRASPOULOT, rentrant par la droite.

Mes affiches font un effet superbe ; il y a déjà devant deux
militaires non gradés, un charbonnier et trois roquets... il y
en a un qui s'est même permis... (Il fait le geste de lever la
jambe.) Enfin ! ça ne fait rien... Ah ! ces demoiselles... Que
l'allégresse se répande sur vos traits en partie double. Il y a
déjà trois francs soixante-quinze de location ; encore cinq sous
et je suis sûr de la recette...

HÉLOISE.

Et Albert...

GRASPOULOT.

Un mot de plus, et je le livre à la maréchaussée... Ah !
en fait de marée... (Il tire de derrière le rideau un mannequin habillé
en garde champêtre et le place en faction à la porte de droite.)

BICHONNETTE.

Qu'est-ce que c'est que ça ?...

GRASPOULOT.

Une de mes figures de cire, que j'ai habillée en garde
champêtre, ça fait bien à la porte d'une exposition...

HÉLOISE.

Donnez-lui pour consigne de laisser entrer mon futur.

GRASPOULOT.

Encore ! Vous, Bichonnette, venez que je vous installe au
contrôle. Ne remuez pas trop, on croira peut-être que vous

êtes aussi en cire, et n'oubliez pas ces paroles d'un ancien
soldat... La buraliste meurt et ne rend pas...

ENSEMBLE.

Air : *T'es trop petit* (Hervé.)

Tout Paris<br>
S'ra surpris<br>
De {mon} {son} musée, et je dis<br>
Que bientôt,<br>
Oui bientôt<br>
Je vais me / Il va se / faire un magot.

(Graspoulot et Bichonnette sortent par la droite. — Albert paraît à la
fenêtre de gauche.)

## SCÈNE V

### HÉLOISE, ALBERT.

ALBERT, à la fenêtre.

Héloïse.

HÉLOISE.

Albert... si longtemps sans nous voir. (Albert entre par la
fenêtre.)

ALBERT.

Impossible de pénétrer jusqu'à vous. Cette fois je suis
dans la place et j'y reste... J'ai prévenu mes camarades
d'atelier, tout ira bien.

HÉLOISE.

Que signifie ?...

ALBERT.

Laissez-moi faire...

HÉLOISE.

Mais mon oncle va revenir...

ALBERT.

Il ne faut pas qu'il me voie. (Apercevant le garde champêtre.)
Ah ! une idée... (Il met l'habit et le tricorne du garde champêtre et
prend son sabre puis jette le mannequin dans un coin.)

HÉLOISE, riant.

Nous voilà sous la protection de l'autorité... Mais qu'est-ce
que tout cela deviendra ?...

ALBERT.

J'ai mon projet... au petit bonheur. (Il lui baise la main.)

HÉLOISE.

Eh bien !...

ALBERT.

Je m'arrête... J'espère que je suis dans mon rôle de garde champêtre.

HÉLOISE.

Immobile... voilà votre parrain... (Albert se pose en faction.)

## SCÈNE VI

HÉLOISE, ALBERT, GRASPOULOT, puis les PERSONNAGES CI-APRÈS INDIQUÉS SUR L'ESTRADE. Au moment où Graspoulot entre, Albert se laisse tomber sur lui comme s'il était le mannequin, Graspoulot va pour le relever, Albert lui donne une claque sur le derrière.

GRASPOULOT, à sa nièce.

Oh ! Héloïse, manquer ainsi de respect à votre oncle... Enfin tout est prêt... Mais avant que la foule ne se précipite, je veux offrir à ma chère nièce la primeur de mon spectacle. Aujourd'hui on est debout, mais demain on sera assis... Oui demain on ne verra mes figures de *cire-qu'assis*... attention, je commence (Frappant dans ses mains.) Une ! deux ! trois !... J'inaugure le Musée sarde, ou...

HÉLOISE.

La Comédie nouvelle. (Graspoulot tire le rideau du fond. — MUSIQUE. On aperçoit sur l'estrade dans diverses attitudes et immobiles comme des figures de cire. M. GARAT, LES PATTES DE MOUCHE, BASSOMPIERRE, FIGARO, LE CAPITAINE HENRIOT, LE PRÉCEPTEUR DES PRÉS SAINT-GERVAIS, DON QUICHOTTE, SANCHO PANÇA, PICCOLINO. Musique à l'orchestre.)

GRASPOULOT, désignant les personnages.

Figaro... des premières armes de Figaro. Le précepteur du prince de Conti...

ALBERT, sans bouger.

Des *Prés Saint-Gervais*.

GRASPOULOT, après avoir cherché qui est-ce qui parlait.

Qu'est-ce qui a fait ça... M. Garat.

ALBERT, sans bouger.

De la pièce de ce nom...

GRASPOULOT, tournant autour d'Albert.

Est-ce que je serais ventriloque ! Les *Pattes de Mouches*. .

HÉLOISE.

Du Gymnase...

1.

ALBERT, pendant que Graspoulot revient à Héloïse.

Le capitaine Henriot.

GRASPOULOT.

Bizarre!... Bizarre!... Trange! trange! trange!

HÉLOISE.

Je les reconnais tous... mais c'est charmant, mon cher
oncle.

ALBERT, sans bouger.

Adorable !

GRASPOULOT inquiet et cherchant en se tâtant le ventre.

Tout est bien en ordre... Mais qu'est-ce qu'a fait ça...

HÉLOISE.

Votre spectacle aura du succès.

GRASPOULOT.

Parbleu!...

AIR : *Rondeau : Liberté des théâtres* (DÉJAZET).

De ce musée appréciez les charmes :
On n'a jamais sur lui crié haro.
L'auteur d'abord fait ses premières armes,
En choisissant pour patron *Figaro ;*
*Piccolino* succède et *papillonne,*
On applaudit ses couplets tous les soirs,
*Le Capitaine Henriot* qui fredonne
*Des gens nerveux* chasse les *Diables noirs,*
Pour ramener notre siècle aux pataches
Aux vieux coucous pleins d'éternels regrets,
Voici venir maintenant *les Ganaches*
Ombres errant dans les *Prés Saint-Gervais.*
*Monsieur Garat...* Ah! vraiment rien ne manque
A son triomphe ; et, chanteur enchanteur
Orné d'un nom qu'on connait à la banque,
Que de billets il signe à son auteur...
Cours, *Don Quichotte,* au secours des victimes,
Prends leur défense en ta puissante main,
Du sexe faible on se fait des *Intimes,*
Sauf à croquer les *Pommes du Voisin.*
Dans son écrin il a la *Perle noire,*
Fleuron charmant de sa couronne d'or,
*Des femm's fort's* il écrivit l'histoire
Avec la plume d'un homme vraiment fort!
De tels succès qu'un jaloux s'effarouche,
Le vrai public s'amuse sans façons...
Et la critique avec ses *Patt's de mouche,*
N'empêche pas d'vieillir les *Vieux garçons!*

De ce musée appréciez les charmes
On n'a jamais sur lui crié : haro,
Et, comme au jour de ses premières armes,
L'auteur encor compte un succès nouveau.

REPRISE DES QUATRE DERNIERS VERS.

(Après le rondeau Albert éternue.)

GRASPOULOT.

Dieu te bénisse!

HÉLOISE.

Ce n'est pas moi, mon oncle...

GRASPOULOT.

Alors c'est moi... J'ai éternué sans m'en apercevoir...
Redevenons sérieux... Tout cela est très-beau... mais ce qui
manque à ma gloire... ce que je cherche... c'est le moyen
d'animer tous ces personnages-là... Comment? Je n'en sais
rien... Par le spiritisme, par le magnétisme...

ALBERT.

Animal...

GRASPOULOT.

Hein?...

ALBERT, s'avançant en frappant sur l'épaule de Graspoulot.

Rien n'est plus facile.

GRASPOULOT, effrayé.

Ciel!... mon garde champêtre qui parle... Il remue les
bras, il remue les yeux, il remue les pieds...

ALBERT.

Tu vas bien, mon gros...

GRASPOULOT.

Et il me tutoye.

HÉLOISE.

C'est un prodige...

ALBERT.

Une des merveilles du spiritisme combiné avec un mé-
lange de somnambulisme magnético-mesmérique... et
d'idéalisme spontané...

GRASPOULOT.

Ah ça! se gausserait-on de moi!... me prend-on pour un
imbécile...

ALBERT.

Certainement...

GRASPOULOT.

Comment certainement ?

ALBERT, ôtant son chapeau et ses moustaches.

Certainement non, mon cher parrain.

GRASPOULOT.

Encore vous! Je m'en doutais... Ah! le brigand!... il déshonore l'uniforme.

ALBERT.

Je me moque si peu de vous, que si vous voulez m'accor-
der la main de votre nièce, j'anime à l'instant tous vos personnages.

GRASPOULOT.

Tu les animes... Je suis animé du désir de voir ça...

ALBERT.

Et vous me donnerez votre nièce ?

GRASPOULOT.

Et deux autres que j'ai encore... Ah ça! mais c'est un frère Bonheur!...

ALBERT.

Alors fais silence... la séance commence. (Faisant des passes magnétiques et envoyant du fluide aux personnages placés sur l'estrade.)

AIR : *Pierrot, Pierrot* (Lâchez-tout.)

Soudain qu'à mes accents
Votre regard s'enflamme,
L'esprit vous donne l'âme
Et le cœur et les sens;
Le spiritisme est là,
Qui vous appelle à vivre!
Il faut... il faut me suivre!

TOUS. quittant l'estrade.

Voilà! voilà! (Tous sautent comme des pantins.)

CHŒUR.

AIR : *Ballet des Nonnes.*

Quoi! c'est toi!
C'est moi!
Oui c'est moi,
C'est toi,
Ah! quel prodige!
Dis je,
Quoi! c'est toi!
C'est moi,
Oui c'est moi!
C'est toi!

C'est bien toi que je voi...
Ah! comm' t'es changé,
Comm' t'es dégommé!

**REPRISE.**

Quoi! c'est toi!
C'est moi! etc.

**GRASPOULOT.**

Epatant, renversant, abracadabrant.

**HÉLOISE, bas.**

Que signifie?...

**ALBERT, bas.**

Chut!... mes camarades d'atelier qui ont pris la place des figures de cire...

**CAPITAINE HENRIOT.**

Ventre-saint-gris... comme dit le capitaine Henriot... Ah! j'ai attrapé un *coup d'air*...

**GARAT.**

Chamiant ma petite paole...

**LE PRÉCEPTEUR.**

Venez ici, monsieur le prince de Conti.

**BASSOMPIERRE.**

Mais je ne suis pas le prince de Conti... je suis Bassom-pierre du *Dégel*...

**SANCHO PANÇA.**

Moi j'ai le sang chaud, comme Pança...

**FIGARO.**

Moi j'ai fait mes premières armes sous Beaumarchais... je suis Figaro!...

**DON QUICHOTTE.**

A moi les moulins à vent... Après il ne serait plus temps.

**ALBERT, jetant un cri.**

Ah!

**GRASPOULOT.**

Quoi donc!

**ALBERT.**

Cher parrain, je complète votre idée; puisque vos person-nages vivent et parlent, faites leur jouer la comédie.

GRASPOULOT.

Quelle idée !... une mine d'or.

MIELAMER.

Dites donc, notre singe, jouons les « Vieux garçons. »

GRASPOULOT.

Ou plutôt la parodie... Les « Vieux glaçons, » par l'auteur du *Dégel*.

TOUS.

Bravo ! chacun à son rôle.

BICHONNETTE, rentrant.

Messieurs le public s'impatiente : on vient de louer la dernière avant-scène... trois sous !

GRASPOULOT.

Trois sous ! c'est vrai, il y a un tiers en plus pour la location... alors on y va. Le temps d'habiller mes figures de cire !...

GRASPOULOT.

Air : *Liberté des théâtres* (Lindehm.)

Vite ! attaquons la parodie !

TOUS.

Commençons,
Finissons
La pièce par des chansons !

GRASPOULOT.
Place à la muse dégourdie !

TOUS.

Récréons,
Amusons
Le public par des flons flons
Ronds.

GRASPOULOT.

Je suis épaté !
En vérité
Du spiritisme,
Disons-le : voilà
Un fier résultat.

TOUS.

Dzing !
C'est nouveau vraiment.
Et ruisselant
D'un innouissure
A fair' subito
Dire à tous bravo,
Dzing !

## DEUXIÈME TABLEAU

Le théâtre représente l'intérieur d'un salon très-simplement meublé. — Un
piano. — Au-dessus est pendu un cor de chasse. — Chaises.

# SCÈNE PREMIÈRE

### BŒUFCOURTOIS, GRASPOULOT.

GRASPOULOT, à Bœufcourtois qui est assis dans un grand fauteuil, et
comme absorbé.

Vous entendez bien, Bœufcourtois, ne gigottez pas trop...
dam, vous êtes une de mes plus belles figures de cire.

**BŒUFCOURTOIS.**

Je ne dirai que juste ce qu'il faut pour tâcher de faire rire
le public, comme au Gymnase, et c'est *Le sueur*... (Se repre-
nant.) Non, *Lasueur* au front que je m'exécuterai.

**GRASPOULOT.**

Voyons si vous êtes bien remonté... (Il prend une clef dans sa
poche et a l'air de remonter un ressort dans le dos de Bœufcourtois, il
l'époussette après avec son plumeau.)

**BŒUFCOURTOIS.**

C'est assez de trois tours, allez... pour ce que j'ai à
raconter... Je ne sers en rien à l'action de la pièce... et d'ail-
leurs il ne faut pas que je me souvienne de ce que j'ai à
dire, c'est ça qui fait rire au Gymnase...

**GRASPOULOT.**

Maintenant, allez-y... tristement....

**BŒUFCOURTOIS.**

Savez-vous où nous sommes ici ?

**GRASPOULOT.**

Non, et vous ?...

**BŒUFCOURTOIS.**

Moi, non plus... c'est un petit bocal que j'ai fait meubler
pour Nana.

GRASPOULOT.

Nana ?...

BOEUFCOURTOIS.

Une adorable pêcheuse de grenouilles !... (Il tousse.) Hum !
hum !

GRASPOULOT.

Vous avez du rhume ?

BOEUFCOURTOIS.

Pas du tout, mais ça fait rire au Gymnase... or, je suis
amoureux de cette pêcheuse de grenouilles et je lui ai acheté
ce petit mobilier aussi simple que de mauvais goût...

GRASPOULOT, regardant les meubles.

Le fait est qu'à l'hôtel des Commissaires qui prisent, on
en tirerait volontiers une jolie pièce de cent quatre-vingts
francs.

BOEUFCOURTOIS.

Juste ce qu'il me coûte... voilà la facture...

GRASPOULOT.

Pas acquittée.

BOEUFCOURTOIS.

La facture n'est pas *acquittée* parce que la femme peut être
*à quitter*...

GRASPOULOT, très-sérieux.

Très-drôle !... Les lampes ont de l'œil...

BOEUFCOURTOIS.

Elles ne sont pas à moi... elles appartiennent au théâtre
du Gymnase... oui, oui, les lampes jouent un grand rôle
dans les pièces de ce théâtre, il y en a pour toutes les
situations...

GRASPOULOT.

C'est vrai, j'ai remarqué ça !

Air *de Marianne.*

> Pour les scènes très-modérées
> On prend la lamp' modérateur ;
> Les lamp's carcel's sont préférées
> Pour éclairer les scèn's de cœur !
>  La lampe au schiste
>  Plaît à l'artiste
> Alors qu'il joue un' scèn' avec gaité.
>  La lamp' veilleuse
>  A l'amoureuse
> Plaît, car elle a vraiment peu de clarté.

Enfin l'on prend sur ma parole
Au Gymnase, où je viens d'aller,
Dans une scène où l'on veut filer,
La lampe huil' de pétrole
Pour filer, c'est l' pétrole.

BŒUFCOURTOIS.

Vous êtes très-gai, vous...

GRASPOULOT.

Oui, ça m'a pris à la suite d'un refroidissement que j'ai
attrapé aux *Mystères du vieux Paris* !...

BŒUFCOURTOIS.

On vient !... arrêtez votre tirade... (Il tousse.)

GRASPOULOT.

Vous avez du rhume...

BŒUFCOURTOIS.

Pas du tout... mais ça fait rire au Gymnase.

## SCÈNE II

LES MÊMES, MIELAMER, CHATFIER, ÇA VENAIT, DE
TROIS N, BEAUBOURG ; ils entrent très-tristes, la tête basse.

CHŒUR.

AIR *du Poignard de Léonore.*

Nous accourons bien vite,|(Bis.)
La gaîté nous attend ici. |

Qu'on la serve de suite,|(Bis.)
Cher ami, nous voici.   |

BŒUFCOURTOIS.

Ah ! c'est vous, mes très-chers... je suis bien... Qu'est-ce
que je voulais donc dire... ah ! rien !

MIELAMER.

Cet accueil stupide et bienveillant nous touche...

CHATFIER.

Ça fait plaisir de se retrouver avec un vieil ami...

ÇA VENAIT.

Pourquoi cette invitation ?

BŒUFCOURTOIS.

Je vais vous le dire...

GRASPOULOT.

Faut-il changer les lampes ?...

BŒUFCOURTOIS.

Non, c'est la même situation !... Sachez donc qu'en ma

qualité de vieux garçon ou de vieux glaçon si vous aimez mieux, puisqu'on dit que notre cœur n'est qu'un morceau de citrouille fricassé dans la glace... sachez donc que j'ai eu un revenez-y.

MIELAMER.

Tu es encore très-vert.

BOEUFCOURTOIS.

Oui, je sais, et cependant je suis, quoi qu'encore *vert*, *cassé*.

GRASPOULOT.

J'aimerais mieux vous entendre tousser que d'en faire de cette force-là...

CHATFIER.

Enfin ce retour de jeunesse se traduit par...

BOEUFCOURTOIS.

Une adorable jeune fille de dix-huit à vingt-cinq ans, je ne sais pas son âge à huit ans près...

CHATFIER.

Son état...

BOEUFCOURTOIS, avec sentiment.

Maladif! et pêcheuse de grenouilles...

MIELAMER, le poussant du coude.

Grand crapaud, va !...

BOEUFCOURTOIS.

Et je la mets dans le palissandre...

MIELAMER, regardant les meubles.

Mais, c'est du noyer...

BOEUFCOURTOIS.

En vieillissant ça noircit, et ça tourne au palissandre...

MIELAMER.

Comme la chenille devient papillon...

BOEUFCOURTOIS.

J'aime cette créature...

MIELAMER.

Et tu as raison... corbleu! la jeunesse, mais ça nous réchauffe, nous autres vieux glaçons comme on nous appelle... et qui dit vieux glaçons dit vieux garçons !...

AIR : *Ne raillez pas.*

Le vieux garçon, c'est l'oiseau parasite
Qui va glaner dans le nid du voisin;
Il est partout, qu'on le chasse ou l'invite,
C'est le moineau vous mangeant dans la main!

Le vieux garçon, Béranger seul l'encense,
Et ces deux vers  pour le peindre ont sufli !
« Allons Babet, un peu de  complaisance,
» Mon lait de poule et mon bonnet de nuit ! »
Quand il paraît quelques mères prudentes,
Dont les filles comptent trente printemps,
Lancent vers lui leurs mines agaçantes,
Qui semblent dire : Mariez-vous, il est temps !
Le vieux garçon c'est l'affreux maniaque,
Ne trouvant rien de bon, de beau, de bien;
A cinquante ans il est déjà patraque,
N'aimant pas même son chat ou son chien !
Il grognera deux jours pour une botte
Qu'on n'aura pas pris soin de bien vernir !
Pour un bouton qui manque à sa culotte,
Deux jours encore on l'entendra gémir !
Il ne peut pas, plaisir de la famille,
Dans son foyer en rentrant sans façon,
Entendre une heure au moins brailler sa fille,
Quand à côté vient piailler son garçon !
Il ne peut pas, tourment trop adorable,
De sa moitié jalousant la vertu,
S'il l'a surprend près d'un cousin aimable,
Dire à son tour : Allons, je suis... connu !...
Il est garçon, vieux garçon (c'est bien pire),
Il mourra seul et délaissé de tous :
Même après lui, l'on ne pourra pas dire :
« Il fut bon gard' national, bon époux ! »
Le vieux garçon c'est l'oiseau parasite
Qui va glaner dans le nid du voisin;
Il est partout, qu'on le chasse ou l'invite,
C'est le moineau vous mangeant dans la main !...

CHATFIER.

Tu nous traites bien...

GRASPOULOT.

En voilà une figure de cire  que j'ai rudement remontée.

DE TROIS N, à Mielamer.

C'est égal, tu viens de nous débiter une fameuse tirade...

MIELAMER.

Ça te surprend...

AIR : Mais tu ne dis que des bêtises.

Mon cher, ça se dit au Gymnase
Tous les soirs, dans les Vieux garçons,
J'ai presque copié la phrase,
Tu le vois je suis sans façons !
Ell' peut par moi te sembler fade
Mais son raisonn'ment est profond,
Enfin, mon cher, c'est un' tirade
Comm' les grands comédiens Lafont !

**BOEUFCOURTOIS, riant.**

*Lafont...* très-drôle... je ne cromprends pas, mais c'est
très-drôle... (Il va pour commencer à tousser et s'arrête court.) Non,
c'est inutile...

**MIELAMER.**

Ah ! et cette jeune nymphe que tu veux nous présenter...

**BEAUBOURG.**

La pêcheuse de grenouilles...

**GRASPOULOT.**

J'ai fait sur ce mot une charade adorable.... me permet-
tez-vous de la lancer...

**MIELAMER.**

Lancez-la, homme obèse, lancez-la...

**GRASPOULOT.**

Voilà, c'est en vers, et ça rime...

« Plus d'un dans mon premier au nom de sa patrie
       A bravé le danger.

(Expliquant.)

       *Guerre...*

                (Déclamant.)

» Mon second est tiré des pâtes d'Italie.

(Expliquant.)

       *Nouille...*

                (Déclamant.)

» Mon tout à la poulette est très-bon à manger.

(Expliquant.)

       *Guerre-Nouille !*

**TOUS.**

Bravo !... Guerre-Nouille !

**BOEUFCOURTOIS.**

Charmant... qu'est-ce que ça peut vouloir dire ?... (On entend
la ritournelle de l'air du pied qui r'mue.) Ah ! mes amis, c'est elle...
cet air du pied qui r'mue me remue des pieds à la tête...
Voulez-vous nous mettre en rang d'ognons pour lui faire
honneur ?

## SCÈNE III

Les Mêmes; NANA, elle est en costume de pêcheuse.

NANA.

Air : *J'ai un pied qui r'mue.*

La 'grenouill' me va
Quoique je m'en occupe guères,
La grenouill' me va
Je n'en suis pas plus fièr' pour ça !

Air : *V'là ce que c'est.*

V'là c' que c'est,
J'ai bien fait,
Chaqu' jour on me prêche
De lâcher ma pêche !
V'là c' que c'est,
J'ai bien fait,
J'ai quitté la pêche,
Pour un vieux tout laid.

(Elle tape sur le ventre à Bœufcourtois qui tousse.)

BŒUFCOURTOIS, toussant.

Cette fois je tousse pour de bon.

GRASPOULOT.

Cette jeunesse est remplie de distinction.

CHATFIER.

On en mangerait sur du pain !

NANA, regardant tout le monde.

Qu'est-ce que c'est que tous ces gens-là ?... c'est t'y des singes ?

MIELAMER.

Pas précisément... il y en a parmi, mais pas tous...

NANA.

Va-t-on bientôt faire la scène du souper ?... j'ai un solitaire qui m'a repassé son ver...

BŒUFCOURTOIS.

Nana, soyez réservée...

NANA.

Vous vous en feriez mourir...

BŒUFCOURTOIS, toussant.

Dissimulons ses inconvenances à l'aide de ma coqueluche. (A Nana.) Allons, embrassez votre petit Bœufcourtois.

NANA.

Non, vous êtes trop laid...

BOEUFCOURTOIS.

A table, alors...

TOUS.

A table... (Pendant ce qui précède, deux domestiques ont apporté une table servie. Graspoulot est allé chercher deux candélabres avec des bougies et a emporté les lampes.)

GRASPOULOT.

Toujours comme au Gymnase, les candélabres à cinq branches pour les repas de noces!... (On se place. Nana se met au milieu.)

NANA.

Y a-t-y des colimaçons... c'est ça qui vous retape une jeune *personne!*

MIELAMER, à Nana.

J'espère que nous mangerons un plat de votre façon... des grenouilles...

GRASPOULOT.

Ah! grenouilles, j'ai fait une charade sur ce mot...

MIELAMER.

Nous la connaissons...

NANA.

Vous demandez des grenouilles à cause de mon ancien état... Tiens, au fait, vous avez raison... Vous avez une bonne trompette, vous, j'vais vous roucouler la chanson que je solfiais, en pêchant cet intéressant batracien... (Elle se lève. Au moment où elle va chanter, la porte du fond s'ouvre et les femmes suivantes paraissent.)


# SCÈNE IV

### Les Mêmes, ROMANCE, LISE.

ROMANCE, dramatique.

Pardon, messeigneurs, est-ce que nous n'en sommes pas...

BEAUBOURG, ÇA VENAIT et DE TROIS N, ensemble.

Nos femmes....

ROMANCE, même jeu.

Ah! c'est une belle nuit, n'est-ce pas, pour une orgie à la Tour... (Très-calme.) Entrez donc, mesdames, nous ne sommes pas de trop.

LISE, à son mari.

Pas grand'chose!... Rien du tout !...

ROMANCE, à son mari.

Monsieur fréquente des biches...

ÇA VENAIT.

Oh ! ne me regardez pas avec dédain...

NANA.

Dites donc, vous, eh! là-bas!...

ROMANCE.

Quelle est cette Espagnole...

NANA.

Une Espagnole de Chaillot où devrait vous envoyer...

ROMANCE.

Mademoiselle, respectez la pompe à feu, elle a rendu de grands services à la capitale...

GRASPOULOT, à Bœufcourtois.

Je crois que c'est le moment de la toux...

BOEUFCOURTOIS, toussant.

Je vais me rendre poitrinaire...

ROMANCE, aux maris qui font une figure piteuse.

Vous avez l'air ravis !

TOUS, d'une voix tragique.

Oh ! oui!...

HÉLOISE.

A table donc...

LISE, montrant Nana.

Et que mademoiselle, ou madame... entonne sa romance... Allez-y de votre petite gardeuse d'ours.

NANA.

Ça s'appelle : la chanson des Grenouilles....

GRASPOULOT.

Ah! grenouille : j'ai fait une charade.

TOUS.

Assez.

NANA.

Les paroles de tout le monde... musique de personne.

LA RONDE DES GRENOUILLES.

AIR : *Chanson des écrevisses* (Wetterlin.)

La grenouille c'est très-gentil !
Vous lui dites : quel temps f'ra-t-il ?
Elle vous répond subito,
Vas, s'il pleut] sur l' tantôt,

Ben·sûr il tomb'ra de l'eau.
  Co-à! (*Trois fois.*)
 S'il pleut oui dà,
J' crois qu' ça t'mouillera !

REPRISE : PAR TOUS EN DANSANT.

DEUXIÈME COUPLET.

La grenouillère à Bougival,
Est un endroit original,
L' canotier la biche et l' gandin
Y vont prendre leur bain
 L'été, soir et matin,
  Co-à ! (*Trois fois.*)
 C'est toujours là
Qu'on grenouill'ra.

REPRISE EN DANSANT.

TOUS.

Bravo ! (Les femmes et les hommes entourent Nana pour la complimenter.)

BŒUFCOURTOIS, allant à elle.

Elle chante si bien que ça m'en fait tousser...

CHATFIER, qui est resté seul à table, buvant un verre de champagne.

Que la vie de garçon est une douce chose... pas de femme qui vous embarrasse, qui vienne vous dire...

BACCARAT, entrant par la droite, voilée et s'approchant de Chatfier.

Je vous ai attendu sur la colonne de Juillet, derrière les talons du petit génie...

CHATFIER, effrayé.

Hein ?

BACCARAT.

Maintenant, je vous attends dans l'égout collecteur... (Elle sort vivement.)

CHATFIER.

Bigre...

GRASPOULOT.

Qu'est-ce qui vous prend donc ?

CHATFIER.

Rien, une crampe dans le nez... (A lui-même.) Mais cette femme me compromet, et son mari qui est là, son Beaubourg qui est jaloux comme le sire de Framboisy... Si je le prévenais... non, je crois que ce serait le moyen qu'il sache tout !... Bah! je n'irai pas au rendez-vous... L'égout n'est pas dans les goûts de tout le monde...

**MIELAMER.**

Allons, messieurs, une dernière santé à notre amphi-
tryon... ce que dans la bonne société on appelle... le coup
du vitrier, et en route...

**TOUS.**

A la santé de Bœufcourtois !

**BOEUFCOURTOIS.**

Croyez que... soyez persuadé... Je ne me rappelle pas ce
que je voulais dire, je suis si enrhumé... (Il s'affaisse.)

**GRASPOULOT.**

Il a besoin d'être remonté ! (Il va derrière Bœufcourtois et lui
donne deux tours de clef dans le dos. Bœufcourtois saute sur sa chaise.
Il l'époussette avec le plumeau.)

**BOEUFCOURTOIS.**

Ah! ça va mieux... (Il trinque avec les autres. On frappe à la
porte du fond.)

**MIELAMER.**

Entrez.

# SCÈNE V

Les Mêmes; ENTOILETTE, elle est en bébé de six ans, un cerceau
et un ballon à la main.

**ENTOILETTE, très-naïve.**

Ma foi, tant pis, c'est moi, comme don César de Bazan
dans Ruy-Blas... Oh! quelle tapée de monde...

**ÇA VENAIT.**

Ma sœur ici, à cette heure...

**ENTOILETTE.**

Comment sept heures... il est minuit trois quarts...

**ÇA VENAIT.**

Mais comment oses-tu ?...

**ENTOILETTE, très-douce.**

Est-ce que ça te regarde? est-ce que l'on m'a donnée à
garder... Est-ce que tu vas me bassiner !...

**MIELAMER.**

Quelle est noble et imposante...

**ENTOILETTE, à Mielamer.**

Monsieur Mielamer !... c'est justement vous que je cher-
chais... J'ai quelque chose de très-important à vous dire...

**MIELAMER.**

Elle va m'emprunter cent sous...

**ÇA VENAIT.**

Encore une fois...

**ENTOILETTE.**

Assez... tu n'es pas chargé de répondre pour moi... et je te permets d'envoyer promener ceux qui te diraient : Et ta sœur?

**GRASPOULOT.**

Retirons-nous donc.

**BOEUFCOURTOIS.**

Cette jeune fille me fait l'effet... Je ne me rappelle plus ce que je veux dire....

Air : *Partons avec mystère.*

> Sans que nul de nous jase,
> Laissons-les un instant,
> Ça se fait au Gymnase
> Et l'on trouv' ça décent
> Cent.

(Tous s'éloignent en chantant le chœur, en remuant les lèvres, mais sans voix. Graspoulot a emporté les candélabres et rapporté une lampe avec un abat-jour vert.)

**GRASPOULOT, à Mielamer.**

La lampe de la discrétion amoureuse... Toujours comme au Gymnase ! (Musique en sourdine. Ils sortent tous en regardant Entoilette avec étonnement.)

## SCÈNE VI

### ENTOILETTE, MIELAMER.

**ENTOILETTE.**

Jurez-moi de ne pas dévoiler ce que je vais vous confier sur votre honneur de gentilhomme.

**MIELAMER, noblement.**

N'étant ni breton ni gentilhomme, ça m'est égal d'y aller de mon petit serment ; je le jure.

**ENTOILETTE.**

Monsieur, je viens de l'Opéra !

**MIELAMER, très-surpris.**

Ciel !... (Très-calme.) Qu'est-ce que ça me fait ?

**ENTOILETTE.**

Je prévoyais cette réponse simple et de bon goût... mais ce qui vous fera quelque chose, monsieur, c'est si je vous dis que j'ai vu à l'Opéra : *Roland à Roncevaux.*

MIELAMER, même jeu.

Reciel !... (Calme.) Ça m'est encore égal...

ENTOILETTE, se posant, très-tragique.

Et si je vous raconte la pièce !...

MIELAMER, tombant anéanti.

Bigre, je suis pincé...

ENTOILETTE, déclamant.

Tenez, monsieur, ça vous paraît drôle que je vienne vous trouver au milieu de femmes que je connais à peine, dans un souper presque de garçon... mais au Gymnase, monsieur, ça se fait... oui, oui, oui, oui, oui, oui, j'arrive sur le coup de minuit vingt-cinq, toute seule, je trouve là votre sosie et pendant que mon petit frère et ma petite sœur restent à la cantonade, je lui dégoise ma petite affaire comme je vais vous la dégoiser ici... Quel genre de voix avez-vous ?...

MIELAMER.

J'ai une voie de bois dans ma cave, et une voie d'eau dans ma fontaine...

ENTOILETTE.

Poussez-moi une ou deux notes...

MIELAMER, chantant très-fort.

Tra la la ou...

ENTOILETTE.

Assez... vous chantez comme une meringue... Mais c'est ce qui me faut, je vous enfoncerais... Jouez-vous du piano ?

MIELAMER.

J'ai cessé de prendre des leçons à l'âge de six mois...

ENTOILETTE ; elle va s'asseoir contre la table et joue du piano dessus.

Ça suffit .. vous savez en jouer... prenez ce cor !

MIELAMER.

Quel cor ?

ENTOILETTE.

Vous n'avez pas de cor ?

MIELAMER.

Si, j'en ai un qui me fait horriblement souffrir. (Soufflant dans le cor.) Voilà mon acquit !...

ENTOILETTE, sautant.

Ah! que c'est enivrant cette musique de Roland... cette marche triomphale... Soufflez dans le cor... (Mielamer tire des notes du cor. — Pendant toute cette scène, l'orchestre joue selon les indications d'Entoilette.) Ces preux chevaliers qui passent à la queue

leu-leu. (Elle marche au pas.) Suivez-moi par derrière, et mar-
quez le pas... (Elle imite la trompette en portant la main à sa bouche.)
Taratata, (la trompette,) dzing! dzing! (les cymbales). boum!
boum! (la grosse caisse)... et les cors... le cor de Roland,
voilà un drôle de corps! c'est à vous, soufflez dans le cor...
(Mielamer souffle.)

MIELAMER.

Je commence à devenir poussif.

ENTOILETTE.

Vous trouvez ça superbe...

MIELAMER.

C'est-à-dire que je trouve ça...

ENTOILETTE.

Soufflez... (Il souffle.)

MIELAMER.

Splendide!... (Il souffle.) Ouf!... Je crois que j'ai fait craquer
ma bretelle!...

ENTOILETTE.

Votre bretelle est plus enthousiaste que vous...

MIELAMER.

Roland est un grand succès, mais r' met ..

ENTOILETTE, l'interrompant.

Mermet, c'est l'auteur...

MIELAMER.

Non, je dis, mais r'met... tez la fin à un autre jour...
Comment avez-vous pu retenir tout ça ?...

ENTOILETTE.

C'est bien plus fort au Gymnase... La jeune fille n'a entendu qu'une fois le *Trouvère*, et elle le sait, paroles et
musique!... Et le ballet... jouez-moi un petit air gai... celui
du quatrième acte...

MIELAMER.

Ah! celui du quatrième acte... c'est que je n'ai pas vu
l'opéra...

ENTOILETTE.

Si vous l'aviez vu, où serait le mérite?

MIELAMER.

C'est juste... (Il a l'air de souffler dans le cor. L'orchestre joue le
quadrille d'Orphée. — Entoilette commence à danser en face de Mielamer.)
Quelle suave musique... c'est dans Roland, ça...

ENTOILETTE, dansant.

Tout le temps!...

MIELAMER, qui commence à danser.

J'aurais cru que c'était d'Orphée !

ENTOILETTE.

Oui, d'Orphée à Roncevaux... (Ils dansent en face l'un de l'autre, puis Mielamer tombe aux pieds d'Entoilette en lui disant.)

MIELAMER.

Arrête, je suis essoufflé d'abord, et je t'aime ensuite...

ENTOILETTE.

Qu'est-ce que ça veut dire, aimer ?

MIELAMER.

C'est un petit verbe qui a l'air d'abord d'être neutre et qui finit par être actif !...

ENTOILETTE.

Je ne vous comprends pas...

MIELAMER.

Elle revient de Pontoise... Reviendrais-tu de Pontoise ?...

ENTOILETTE.

Ça se pourrait bien...

MIELAMER.

Oh ! être aimé d'une femme, qui revient de Pontoise, c'est le rêve de ma vie de glaçon.

ENTOILETTE.

Je suis ton affaire !

MIELAMER.

Quelle naïveté... J' vais l'expédier à Nanterre... Veux-tu venir à Nanterre ?

ENTOILETTE.

Est-ce loin ?

ENTOILETTE.

Entre Cythère et Bougival en France, on y couronne des rosières, on y élève des rosiers, et on y confectionne de la pâtisserie rance.

AIR *de la Favorite.*

Ah ! viens dans une autre patrie,
Viens donc, ma chère amie,
Viens chercher le bonheur !

ENTOILETTE.

Ah ! vraiment vous me faites peur !

MIELAMER.

Acceptes-tu mon cœur ?

ENTOILETEE.

J' n'en ai qu' fair', vieux farceur !

MIELAMER.

Ah! viens, je te sonnerai du cor,
Je t'en sonnerai le jour, le soir encor.

ENTOILETTE.

Ah! c'est trop fort!

MIELAMER.

Viens tu s'ras ma favorite,

(Il l'enlève dans ses bras.)

Allons viens, ma petite,
Je serai ton Fernand,
V'lan !

(Il la rejette à terre.)

ENTOILETTE.

Ah! mais dites donc, vous, vous allez trop loin...à moi les
autres...

## SCÈNE VII

Tous les Personnages rentrent.

Chœur de Roland à Roncevaux.

Quel est donc ce tapage,
Et pourquoi ce cri ?
Réponds, cher ami.
Dis-nous d'où vient cette rage ;
Nous venons aussi
Prêter notre appui.

ENTOILETTE, poétique.

Encore du Roland!... (Très-calme, montrant Mielamer.) Ce vieux
est un farceur... et si je n'étais pas revenue de Pontoise
comme il dit, je ne sais pas comment ça se serait passé...
(Elle sort en imitant le drame.)

TOUS, à Mielamer.

Oh! fi !.. (Coup de cymbale à l'orchestre, la porte s'ouvre violemment.)

## SCÈNE VIII

Les Mêmes, GANTYA, puis BACCARAT.

GANTYA, au fond.

Je crois que j'ai entendu un plus souvent... (Il va à Mielamer.)

MIELAMER, ému.

C'est étrange, je n'ai jamais vu ce garçon : il a une figure
comme tout le monde, il a deux jambes comme moi, un nez,

des yeux comme moi, un paletot comme moi... (Le regardant.) Le drap est plus fin que moi... est-ce cela qui est cause que je suis ému?... Oh! non, la différence d'un elbeuf ne peut pas vous donner envie de pleurer.

GANTYA, à Mielamer.

Monsieur, j'ai quelque chose à vous glisser dans le tuyau...

MIELAMER.

Je vais vous confier mon tube, permettez que je dise un mot à Bœufcourtois... (Ils remontent tous et se collent contre la muraille au fond.)

BACCARAT, qui est entrée à droite voilée, à Chatfier.

Je t'ai attendu dans l'égout collecteur, tu n'es pas venu; je te donnerais bien rendez-vous sur les fortifications, mais tu n'aimes pas à marcher... Cette fois je te donne rendez-vous sur le paratonnerre de la Bourse... le premier arrivé attendra l'autre... il pourra s'asseoir.

CHATFIER.

Je n'irai pas !

BACCARAT, tirant une énorme bouteille.

Alors, puisque tu m'as compromise, prends cette bouteille de laudanum ..

CHATFIER.

Ça se trouve bien, j'ai mal aux dents...

BACCARAT.

Bois-en la moitié, et donne-moi le reste...

CHATFIER.

Merci, ma disgestion n'est pas encore faite...

BACCARAT.

Tu tiens donc à vivre ?

CHATFIER.

Dam ! c'est ça qui me fait exister.

BACCARAT.

Alors, je m'éloigne... Si tu as du cœur, tu viendras au dernier rendez-vous que je te donne.

CHATFIER.

Où ça?

BACCARAT.

Dans la salle du théâtre Saint-Germain, ne crains rien, nous y serons seuls...

CHATFIER, tombant anéanti.

Ah! c'est le dernier coup.

MIELAMER, à Gantya en redescendant.

Votre insistance est inutile, je ne me battrai pas...

GRASPOULOT.

Un duel !... Vite les lampes de la situation. (Il rentre avec deux quinquets de théâtre qu'il accroche au mur, les quinquets ont des verres bleus. — Demi-nuit.)

GANTYA.

Je vous forcerai bien...

MIELAMER.

Je vous répète, monsieur, que je ne me battrai pas avec vous... à moins que ça ne soye à la savate...

GANTYA, très-sombre.

Je ne porte que des bottes...

MIELAMER.

Des bottes secrètes, peut-être...

GANTYA, montrant ses bottes.

Les voilà !... Ainsi vous avez agi comme un cocher de fiacre avec ma fiancée, et vous refusez de vous battre ! Une dernière fois, monsieur, vos armes...

MIELAMER, se montrant.

Les vôtres !...

GANTYA.

Votre heure ?

MIELAMER.

La vôtre...

GANTYA.

L'endroit...

MIELAMER.

Le vôtre...

GANTYA.

J'y serai... (Il va pour sortir, revenant.) Mais, j'y pense, vous ne connaissez peut-être pas cet endroit-là, et vous ne viendrez pas au rendez-vous...

MIELAMER.

Parbleu...

GANTYA.

Faut-il donc vous faire une dernière insulte, pour vous forcer à vous battre ?...

MIELAMER.

Essayez, si ça vous réussira...

GANTYA.

Soit... C'est vous qui l'avez voulu!... (Il défait lentement son
gant, et quand il l'a bien tiré, il fait comme s'il allait le jeter à la figure
de Mielamer qui le prend en lui disant.)

MIELAMER.

Oh! donnez-moi au moins la paire!... (Gantya fait le geste de
lui donner un coup de pied au derrière, après avoir défait son autre gant.
— Mielamer l'arrête.)

MIELAMER.

Pas ça! oh! pas ça! (Tout le monde les entoure. — Graspoulot va
décrocher les quinquets.)

GRASPOULOT, tranquillement.

Il n'y a pas de lampe au Gymnase, pour cette situation-
là... (Il éteint les quinquets; nuit complète, tous les personnages sortent
en jouant à colin-maillard.)

# ACTE DEUXIÈME

## TROISIÈME TABLEAU

### Le papier à lettre de ma mère.

Petit salon chez Mielamer.

## SCÈNE PREMIÈRE

### MIELAMER, BŒUFCOURTOIS, CHATFIER, GRASPOULOT.

(Au lever du rideau ils sont assis les pieds à l'eau et prennent chacun un bain de pieds.)

ENSEMBLE.

Air : *Les fraises.*

Pour que la migraine oui-dà
A nous quitter ne tarde,
Mes amis nous mettons là
Tous quatr' nos huit pieds à la
Moutarde ! (*Ter.*)

MIELAMER.

Ah ! ce bain de pied sinapisé me fait du bien... j'en avais besoin pour me remettre de la provocation de tantôt...

CHATFIER, à Mielamer.

Passe-moi un peu de farine de moutarde...

MIELAMER.

Ajoutez-y un filet de vinaigre...

GRASPOULOT.

Du sel ! messieurs ! rien que du sel...

CHATFIER.

Eh ! eh ! la cendre a bien son petit mérite...

GRASPOULOT.

Eh bien ! Bœufcourtois, vous ne dites rien... qu'est-ce que vous ruminez?...

BOEUFCOURTOIS.

Moi! je... au fait non!... (Il tousse.)

GRASPOULOT.

Est-il assez affaissé ?...

MIELAMER.

Il songeait à la chaste Suzanne!...

BOEUFCOURTOIS.

Oh! oui... Suzanne prenant son bain de pieds entre les deux vieillards...

MIELAMER.

Messieurs! il y a dix minutes à ma bonne montre de Tolède que nous avons les pieds à l'eau... La Faculté nous donne celle de les retirer...

GRASPOULOT.

Dix minutes, c'est réglementaire... J'ai les orteils rouges comme les cheveux à la mode...

CHATFIER.

Qu'est-ce qui me passe l'essuie-mains?...

BOEUFCOURTOIS.

Moi, la lime à durillons...

GRASPOULOT.

Moi, les ciseaux!...

MIELAMER, se levant.

Personne! ah! messieurs, je commence à regretter la collaboration d'une femme, fût-elle de ménage?... (Il enjambe dans tous les bains de pieds jusqu'au dernier.) Voilà de ces moments dans la vie où l'on comprend le mariage!... (Poétiquement.) C'est quand on a les pieds dans l'eau, que l'on comprend véritablement l'amour. Et pas le plus petit ange pour nous aider dans ces soins hygiéniques... pour nous donner des chaussettes blanches, en raccommodant les vieilles... et ce n'est pas tout...

AIR : *V'là ce que c'est que d'aller au bois.*

Au lieu de dîner tranquill'ment,
Chez soi... l'on court au restaurant;
Dans un coin l'on se met à table;
    Pas d'minois aimable,
    Pas d'figure affable;
On dîne seul, sans trouver rien d'bon :
V'là c' que c'est qu'd'être vieux garçon.

REPRISE DES DEUX DERNIERS VERS.

CHATFIER.

Au bal je veux prendre mon vol...
Un cordon manque à mon faux col,
Et j' n'ai pas d' femm' qui me le r'couse,
Fût-elle jalouse
Comme une Andalouse ;
Mon faux col n'a pas de cordon :
V'là c' que c'est qu'd'être vieux garçon!

REPRISE.

BŒUFCOURTOIS.

Le soir on rentre et l'on est seul,
Personn' pour vous fair' du tilleul.

(Il s'arrête court, tout essoufflé.)

GRASPOULET, montrant Bœufcourtois.

Sur son couplet si quelqu'un compte,
Il faut que j' le remonte,
Pardon M. l' comte.

(Il remonte Bœufcourtois comme une pendule.)

N'y a plus d' refrain à sa chanson,
V'là c' que c'est qu'd'être vieux garçon!

MIELAMER.

Chers confrères!... je crois que le moment est venu de me
laisser seul. J'ai un petit monologue à m'adresser comme au
Gymnase, et comme il est probable que je ne me battrai pas,
laissez-moi me préparer.

CHATFIER.

Et nous, messeigneurs, allons faire un tour sur le boulevard !...

GRASPOULOT.

Bonne nouvelle !...

TOUS.

Laquelle? parlez!

GRASPOULOT.

Mais non, je dis le boulevard Bonne-Nouvelle!...

ENSEMBLE.

AIR : *Pauvre Jacques.*

Mielamer va s'battre,
Chacun au besoin,
Doit se mettre en quatre, *(Bis.)*
Pour faire un témoin.

(Ils sortent l'un après l'autre, après avoir serré la main de Mielamer et en
emportant leur baquet sur leur tête.)

## SCÈNE II

#### MIELAMER, seul.

Le duel approche... et je recule... et je suis glacé... Pourquoi m'en étonner? ne suis-je pas un vieux glaçon?... C'est égal, c'est la première fois que je grelotte... à l'heure de m'aligner... il est vrai que je ne me suis jamais battu! Je crois que c'est le vrai moment de passer en revue ma correspondance d'autrefois ; oui, rouvrons mes lettres, ça me donnera un certain cachet. (Ouvrant un tiroir et en tirant un monstrueux paquet de lettres, attaché avec une énorme corde.) Les voilà ces billets doux de ma jeunesse... (Les embrassant.) Quels doux parfums ! ça sent le renfermé. Vite ! vite ! au feu ! c'est égal, ça coûte de se séparer de tout cela, des lettres si tendres... que de trois sous... ah ! (Soupirant.) L'écriture seule me rappelle les noms de mes victimes...

Air : *Belle Polonaise...*

Blanche, Hélène, Arthémise,
Lise, Ursule, Clara
L'État m' doit un' remise,
Pour ces épitres-là...
Adieu charmants autographes,
Griffonnages irrités,
Problématiques paraphes,
Le tout orné de pâtés !...

(Parlé.) Geneviève de Vachette... non, de Brébant... Juliettina... une Italienne... comme elle faisait le macaroni... Esther, et sa chevelure garance... Rose qui prenait toujours mon bras pour une guitare... oh ! pinçait-elle ! pinçait-elle !

Adieu poulets tant aimés,
Nous voilà tous déplumés,
Nous voilà tout dé
Tout plus, tout més
Tout déplumés !
Ah ! ah !

Mon Dieu ! cette lettre sur papier jaune serin... avec une tête de cerf pour armoiries... ah ! oui... je sais... une noble dame qui m'a bien aimé... cette pauvre madame de Rillette... de Tours... combien lui en ai-je joué de tours ! n'importe !... (Reprise du refrain à l'orchestre.) Mais je dois avoir encore du papier autre part... allons voir... (Il sort.) Oh ! ce n'est pas où vous croyez !

## SCÈNE III

### CHATFIER, puis BACCARAT.

CHATFIER, accourant.

Mielamer! Mielamer! cache-moi... il n'est pas là... J'ai
encore manqué le rendez-vous de Baccarat... et elle est à
ma poursuite... où me fourrer? (L'apercevant.) Trop tard!...

BACCARAT, elle porte un gueux qu'elle dissimule à Chatfier.

Eh bien, monsieur de Chatfier, suis-je suffisamment compromise?

CHATFIER.

Pardon... mais!...

BACCARAT.

A cette heure-ci, je puis tout vous pardonner (Elle ferme
les portes et les fenêtres.)

CHATFIER.

Qu'est-ce que vous faites donc?

BACCARAT.

Je vous calefeutre... (Tragique.) Oh! pourquoi cette porte
n'a-t-elle pas de bourrelets?...

CHATFIER.

Chez les vieux garçons, il n'y a pas de bourrelets!...

BACCARAT.

Gn'à cause?

CHATFIER.

Puisqu'il n'y a pas d'enfants, il n'y a pas de bourrelets...

BACCARAT.

C'est juste! après tout l'air extérieur ne pénétrera pas.

CHATFIER.

Je ne comprends pas...

BACCARAT.

Vous allez comprendre. (Elle s'assceit et place son gueux sous
ses pieds sans être vue de Chatfier.) Frère, il faut mourir!

CHATFIER.

Du tout, je ne donne pas dans l'attrape...

BACCARAT.'

Que vous le veuillez ou non, c'est] la même chose... ne
sentez-vous pas que l'air se raréfie?...

CHATFIER.

En effet... j'ai des pesanteurs dans la tête... si je me re-
mettais les pieds dans l'eau...

BACCARAT.

L'atmosphère est lourde... épaisse... une vague odeur de
charbon...

CHATFIER.

Mais oui... il y a un fumeron quelque part...

BACCARAT.

J'ai des éblouissements !...

CHATFIER.

Les oreilles me tintent...

BACCARAT.

Monsieur de Chatfier, vous n'avez pas voulu vous empoi-
sonner avec moi, je m'asphyxie avec vous!...

CHATFIER.

De l'air! de l'air!...

BACCARAT, le retenant.

Monsieur de Chatfier, il y a deux gueux ici!... Le premier, c'est vous! (Se levant et montrant son gueux.) Le second ! le
voilà!...

CHATFIER, se sauvant.

Au secours! au secours!...

BACCARAT, courant après lui.

Ah! tu ne veux pas mourir du charbon!... (Musique, ils
sortent.)

SCÈNE IV

MIELAMER, rentrant.

Il paraît que mon adversaire s'impatiente... il me fait
remettre ce pli cacheté... Ouvrons. Ciel! ce papier! l'enve-
loppe est blanche... et le papier est jaune serin... avec une
tête de cerf pour armoiries... Comme la lettre de tout à
l'heure, la lettre de madame Rillette, de Tours... mon an-
cienne... Oh! non, c'est impossible! (Coup de cymbale, entrée de
Gantya.)

SCÈNE V

MIELAMER, GANTYA.

GANTYA.

Monsieur! je viens chercher la réponse...

MIELAMER.

Un commissionnaire !... non... mon adversaire! pardon, je n'ai pas encore lu...

GANTYA.

C'est une lettre d'excuses...

MIELAMER.

Très bien!... jeune homme, j'ai eu des torts... vous les reconnaissez... c'est du dernier galant... (A part.) Il me semble qu'il a mon nez!...

GANTYA.

Je sais tout, monsieur, vous n'avez pas fait dérailler celle que j'aime du rail-way de la vertu... Elle peut entrer le front haut dans l'embarcadère de l'hyménée... Merci!...

MIELAMER, à part.

Il me semble qu'il a ma fossette!...

GANTYA.

Entoilette cherchait depuis longtemps un monsieur qui lui donnât des leçons de cor... Vous avez été ce monsieur, c'est bien... Permettez à ma fiancée de venir joindre ses remerciments aux miens...

MIELAMER, à part.

Il a [même ma voix de trombone! (Haut.) Un mot seulement!...

GANTYA

Exprimez-vous...

MIELAMER.

Le nom de votre papetier?...

GANTYA.

Je n'ai pas de papetier!...

MIELAMER.

Mais ce Bath!...

GANTYA.

C'est la dernière feuille de papier à lettre de celle qui m'a donné le jour!... Quand son séducteur l'abandonna il allait être nommé *adjoint*... Elle... elle allait être *mère*! Elle accabla de lettres celui qui l'avait trahie... cette feuille est la dernière du papier à lettre de ma mère!...

MIELAMER, à part.

C'est lui! c'est mon fils! Je devrais le reconnaitre tout de suite; j'aime mieux embrouiller la situation comme au Gymnase. (Haut.) Jeune homme, faites entrer votre bonne amie...

GANTYA.

Elle est là... près *de la porte !...*

MIELAMER.

De la porte... Qu'elle vienne !

GANTYA.

Entoilette !

MIELAMER.

Non ! Elle n'a pas besoin de s'habiller !...


## SCÈNE VI

### Les Mêmes, ENTOILETTE.

ENTOILETTE.

Vous m'appelez ?

MIELAMER.

Oui... Voilà la position... Je suis père... mais je ne sais
pas si mon fils est une fille... ou si ma fille est un fils...
Dois-je vous presser sur mon cœur, ensemble, ou séparé-
ment ? ou tous les deux... ou l'un ou l'autre ? Ça a l'air com-
pliqué... ça ne l'est pas... ça ne signifie pas grand'chose,
mais ça fait beaucoup d'effet au Gymnase !...

GANTYA.

Suis-je votre fils ?

MIELAMER.

C'est là la question.

ENTOILETTE.

Suis-je votre fille ?...

MIELAMER,

C'est ce que je me demande...

GANTYA, mystérieusement.

Prenez-moi... je ne serai ni votre fils, ni votre fille, je
suis Auvergnat !...

MIELAMER.

Dans mes bras, alors, dans mes bras ! Allons bon, j'ai
encore fait craquer ma bretelle... une fois avec ma fille,
une fois avec mon fils. C'est de la sympathie élastique !...

GANTYA.

Et maintenant, tout le monde sur le pont !...

## SCÈNE VII

LES MÊMES, rentrée de tous les personnages.

CHOEUR.

Venons gaîment
Car c'est le dénoûment
Ici qui s'apprête,
C'est un jour de fête,
Plus de tourment,
Amis, c'est le moment
De finir ici par un bon dénoûment.

BACCARAT, bas à Chatfier.

Demain à huit heures chez vous... j'ai fait miner la maison, nous sauterons ensemble!...

CHATFIER.

Merci bien !...

BACCARAT.

Voyez la mine de mon mari...

BEAUBOURG, bas à Chatfier.

Vous avez fait un cadeau à ma femme... j'ai découvert la facture, mais comme elle n'est pas acquittée, je vous la rends... Je veux bien que vous lui fassiez la cour, mais je ne veux pas payer la note...

BOEUFCOURTOIS, entrant.

A la garde! à la garde!

TOUS.

Quoi donc ?

BOEUFCOURTOIS.

Nana... ma Nana... la pêcheuse que j'avais péchée...

TOUS.

Eh bien ?

BOEUFCOURTOIS.

Partie !...

CHATFIER.

Seule ?

BOEUFCOURTOIS.

Non ! partie avec la grenouille !... (Il s'affaise; on l'entoure. Il montre une tirelire vide.)

NANA.

Oui, mais je reviens pour ma partie dans le chœur de la fin...

MIELAMER, à Graspoulot.

Ah ça! comment se fait-il que vous qui n'êtes pas de la pièce, vous nous avez suivi tout le temps ?

GRASPOULOT.

Je vais vous dire : D'abord, j'ai tenu à diriger mon musée en action... ensuite, avant d'être montreur de figures de cire, j'ai servi quinze ans au café Riche... pendant quinze ans, j'ai hurlé du matin au soir : Pas de crème, boum, boum, boum, boum ! Moi aussi je suis un vieux garçon. (Il ôte son paletot et parait en garçon de café.)

MIELAMER.

Et pour finir par quelque chose de tout à fait neuf, en avant les couplets de la fin ! (Pendant ce qui précède, tous les musiciens sont partis de l'orchestre.)

GRASPOULOT.

Mais il n'y a plus personne à l'orchestre !

ROMANCE.

C'est une cabale organisée contre notre pièce... ces messieurs ont su qu'on avait voulu la jouer aux Français, ça les a vexés !...

LISE.

Que faire ?

ROMANCE.

Mesdames, voulez-vous me seconder ?...

TOUTES.

Oui, oui !...

ROMANCE.

Nous sommes toutes musiciennes.

LISE.

Et prêtes à exécuter un concert qui détrônera celui du Casino Cadet !...

ROMANCE.

A l'orchestre !

TOUTES.

A l'orchestre !

GRASPOULOT.

Et au changement ! (Changement à vue.)

(Le décor change. Un jardin. A ce moment on a baissé le cabriolet du souffleur. Les dames artistes descendent dans l'orchestre, par ce passage, les choristes entrent par le dessous du théâtre; on a eu soin de poser à l'orchestre les instruments, près de chaque pupitre; si l'on ne peut avoir les violons et trompettes, remplacer cela par des mirlitons, tambours de basque, un piano, crécelles, triangles, et chapeau chinois.)

## QUATRIÈME TABLEAU

### Un concert de famille.

Un jardin.

---

# SCÈNE UNIQUE

### Tous les Personnages de la Parodie.

(Tous les personnages hommes sont sur le théâtre, et accompagnent le couplet de la fin avec divers instruments, les dames sont à l'orchestre; Baccarat est chef d'orchestre : Graspoulot joue de la flûte, Mielamer du cornet à piston, Bœufcourtois du triangle, Chatfier du violon, les autres à leur choix.)

Air *nouveau de G. Barbier.*

I

MIELAMER.

On dit que les vieux garçons.

CHOEUR.

Çons, çons, çons, çons, çons...

CHATFIER.

Sont de dangereux lurons.

CHOEUR.

Rons, rons, rons, rons, rons...

MIELAMER.

Rompez avec cet on dit. )

CHOEUR.

Di, di, di, di, di...

GANTYA.

Dites qu'ils sont tous charmants.

CHOEUR.

Mants, mants, mants, mants, mants...

II.

(Entre chaque couplet solos des hommes.)

BACCARAT.

Vous savez comme, entre nous.

CHOEUR.

Nous, nous, nous, nous, nous...

BACCARAT.

J'adore les rendez-vous.

CHOEUR.

Vous, vous, vous, vous, vous...

ENTOILETTE.

Voulez-vous vous amusez?

CHOEUR.

Zé, zé, zé, zé, zé...

ENTOILETTE.

Prenez rendez-vous ici.

CHOEUR.

Ci, ci, ci, ci, ci...

### III.

BOEUFCOURTOIS.

Je voulais dire... Quoi donc?...

CHOEUR.

Don, don, don, don, don...

ROMANCE.

Il ne sait vraiment plus.

CHOEUR.

Lus, lus, lus, lus, lus...

BOEUFCOURTOIS.

Dès que je m'en souviendrai.

CHOEUR.

Dré, dré, dré, dré, dré...

BOEUFCOURTOIS.

Je ne vous le dirai point.

CHOEUR.

Oin, oin, oin, oin, oin!...

### IV.

NANA.

Qu'un Cocodès, un badaud.

CHOEUR.

Do, do, do, do, do...

NANA.

Me fasse soudain cadeau.

CHOEUR.

Do, do, do, do, do...

NANA.

D'une armoire à glace... Eh bien!

CHOEUR.

Bien, bien, bien, bien, bien...

NANA.

Ce n' s'ra plus un vieux glaçon.

CHOEUR.

Çon, çon, çon, çon, çon...

V.

GRASPOULOT.

Messieurs, ne vous fâchez pas.

CHOEUR.

Pas, pas, pas, pas, pas...

GRASPOULOT.

Pour les modestes tableaux.

CHOEUR.

Bleaux, bleaux, bleaux, bleaux, bleaux...

GRASPOULOT.

La parodie est vraiment.

CHOEUR.

Ment, ment, ment, ment, ment...

GRASPOULOT.

Trop parente du succès.

CHOEUR.

Cès, cès, cès, cès, cès !...

LES FEMMES, criant de l'orchestre.

L'auteur !... l'auteur !...

MIELAMER.

Ils sont deux...

BACCARAT.

Nommez-les...

LES HOMMES.

Non ! non ! nous ne les nommerons pas...

LES FEMMES.

Si !... si !...

LES HOMMES.

Non, non !...

LES FEMMES.

C'est ce que nous allons voir... (Les femmes désertent rapidement l'orchestre et remontent. Pendant ce temps on a amené de force un monsieur sur le théâtre.)

LE MONSIEUR, se débattant.

Ah ça ! voulez-vous me laisser tranquille...

GRASPOULOT.

Mais c'est l'usage... on ramène maintenant les auteurs...

LE MONSIEUR.

Mais je ne suis pas un auteur ; je suis un jeune homme
très-chic, j'attendais une demoiselle à la porte du théâtre...
(Il s'en va.)

BACCARAT.

Filez alors, je ne vous reconduis pas, mon petit... Et maintenant, le couplet au public...

*Même air :*

BOEUFCOURTOIS.
Applaudissez nos flons, flons.
CHŒUR.
Flons, flons, flons, flons, flons...
CHATFIER.
Et nos vieux, nos vieux glaçons.
CHŒUR.
Cons, cons, cons, cons, cons...
GRASPOULOT.
Faites un succès ronflant.
CHŒUR.
Flan, flan, flan, flan, flan...
MIELAMER.
A de Jallais comme à Flan.
CHŒUR.
Flan, flan, flan, flan, flan...

FIN

IMPRIMERIE L. TOINON ET Cⁱᵉ, A SAINT-GERMAIN.